© SUSAETA EDICIONES, S.A.
C/ Campezo 13 - 28022 Madrid
Telf. 913 009 100
Fax 913 009 118
Textos: Celia Domínguez, Hilario Escarda,
Jesús Martínez y Manuel Carlos Rodríguez.
Diseño de cubierta: Jesús Gabán
Ilustraciones: Margarita Menéndez
Impreso en España

365 ADIVINANZAS

Ilustraciones: Margarita Menéndez

PRESENTACIÓN

Te invitamos a que entres en el mundo de las adivinanzas como si fuera el maravilloso mundo del circo, de la fantasía, o el laberinto de las ferias donde, con tu ingenio, descubrirás la puerta de salida a las adivinanzas que te proponemos.

Son adivinanzas «todo terreno». Puedes hacer con ellas todo lo que desees. ¡Todo! Menos comértelas. Esperamos que dejes «K.O.» a los que piensen que no eres capaz de descubrir la solución. Cópialas en tu cuaderno y deja fuera de juego al contrario. Represéntalas, coloréalas...

Cuando te encuentres aburrido y no sepas qué decirle a tu amigo o amiga, saca las Adivinanzas del cajón de sorpresas.

Que te diviertas.

SUMARIO

ANIMALES

1. Con blancas o grises plumas,
   soy símbolo de la paz
   y desde tiempos antiguos
   soy mensajera eficaz.

2. ¿Cuál es, de los animales,
   aquel que tiene en su nombre
   puestas las cinco vocales?

3. Verde como el campo,
   campo no es;
   habla como el hombre
   hombre no es.

4. Volando en el aire
y besando las flores,
se pasa su vida
de luz y colores.

5. Soy pequeño, tan pequeño
que no se ve mi figura.
Traigo mil enfermedades
y mato a quien no se cura.

6. Tengo alas, soy pequeña,
siempre obedezco a mi reina.
Volando de flor en flor,
saco de ellas buen licor.

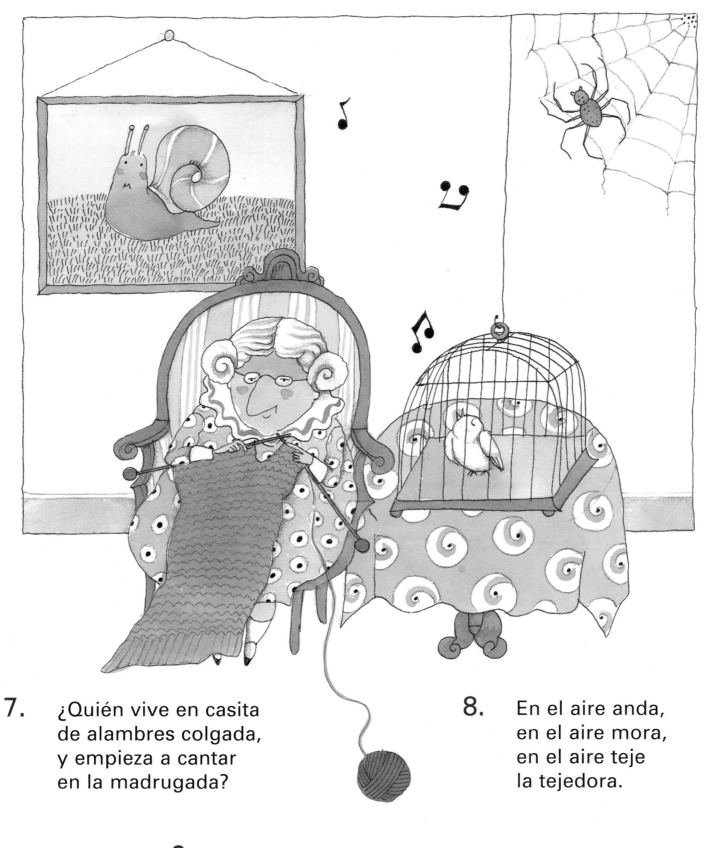

7. ¿Quién vive en casita
de alambres colgada,
y empieza a cantar
en la madrugada?

8. En el aire anda,
en el aire mora,
en el aire teje
la tejedora.

9. ¿Cuál es aquel pobrecito,
siempre andando, siempre andando,
y no sale de su sitio?

10. Tiene lamparita
de luz verde,
y cuando es de noche
la enciende.

11. Mari quita su vestido,
todo lleno de lunares,
se posa sobre tus dedos
y vuela hacia otros lugares.

12. Con su trompa preparada,
pasa a tu lado zumbando;
se posa en tu piel desnuda
y tu sangre va chupando.

13. Ojos grandones,
vivo de noche,
vuelo en silencio
y cazo ratones.

14. La jaula es su casa,
viste de amarillo;
con su canto alegra
a nuestros amigos.

15. Tengo un hermoso plumaje,
grande y afilado pico;
y todo lo que me dicen
me lo aprendo y lo repito.

16. Durante la noche sale,
por el día no le ves,
¿qué animal dirías que es?

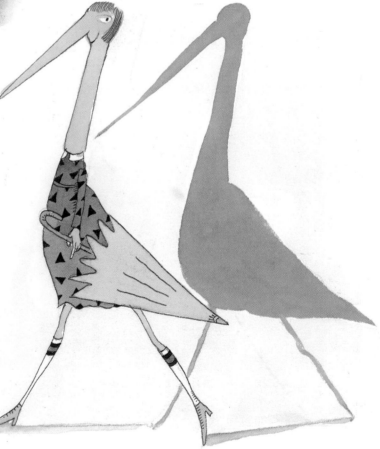

17. Anido en las torres,
gran cuello tengo,
y todos los años
por San Blas vengo.

18. Las cinco vocales
en mi nombre llevo;
con radar oriento
de noche mi vuelo.

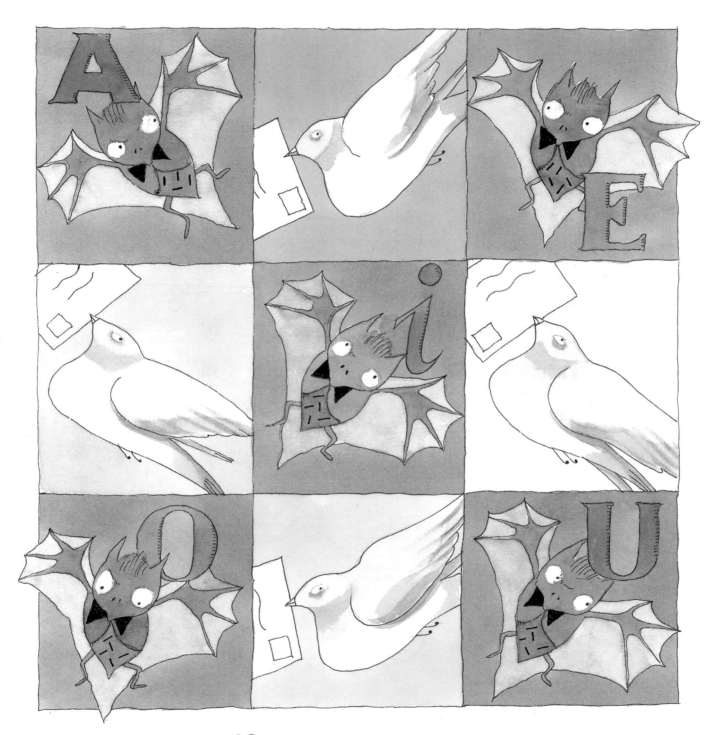

19. Mensajes lleva
por ser mensajera,
zurita o torcaz
simboliza la paz.

20. Mis patas largas,
mi pico largo,
y hago mi casa
en el campanario.

21. Tengo alas y pico
y hablo, hablo, hablo,
sin saber lo que digo.

22. Negro de rojo penacho,
parado en su tronco está,
y en su tenaz tac-tac-tac,
abriendo agujeros va.

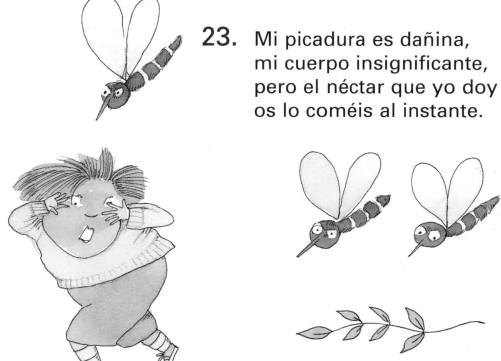

23. Mi picadura es dañina,
mi cuerpo insignificante,
pero el néctar que yo doy
os lo coméis al instante.

24. ¿Quién hace su casa
en la verde rama,
y allí a sus hijos
bien que cuida y ama?

25. Tiesos, solemnes, vestidos de etiqueta,
con gran pechera blanca,
parecen señores que hasta con chaqueta
se meten dentro del agua.

26. Tengo tinta, tengo plumas
y brazos tengo además,
pero no puedo escribir
porque no aprendí jamás.

27. Vivo entre dos conchas
y soy muy sabrosa
cuando abro mis puertas
hirviendo en la sopa.

28. Una boca toda dientes
en el mar hace que tiembles.

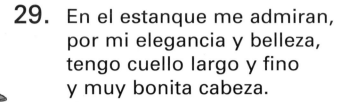

29. En el estanque me admiran,
por mi elegancia y belleza,
tengo cuello largo y fino
y muy bonita cabeza.

30. Del fin del estanque vengo,
para mirar a los niños,
a los cuales entretengo
con saltos, juegos y brincos.

31. Soy pequeño y alargado,
en dos conchas colocado;
como no puedo nadar,
me pego a rocas del mar.

32. –¿Quién cría tus hijos?
–Los cría mi pata.
–Entonces ¿quién eres?
–¡Saberlo es la hazaña!

33. Mamá pata tiene un hijo,
que no es pata, ni es patito,
¿Sabes qué animal te digo?

34. Salta, salta, saltarín:
tus saltos no tienen fin.

35. Gran nadadora,
la más grandona
que hay en el mar.
Mucha barriga,
que si va llena
no necesitas
ya ni pensar.

36. Soy bestia con mi plumaje,
en el agua siempre estoy;
vuelo, nado y soy tres letras,
adivina tú quién soy.

37. De colores verderones,
ojos negros y saltones,
tengo las patas de atrás
muy largas para saltar.

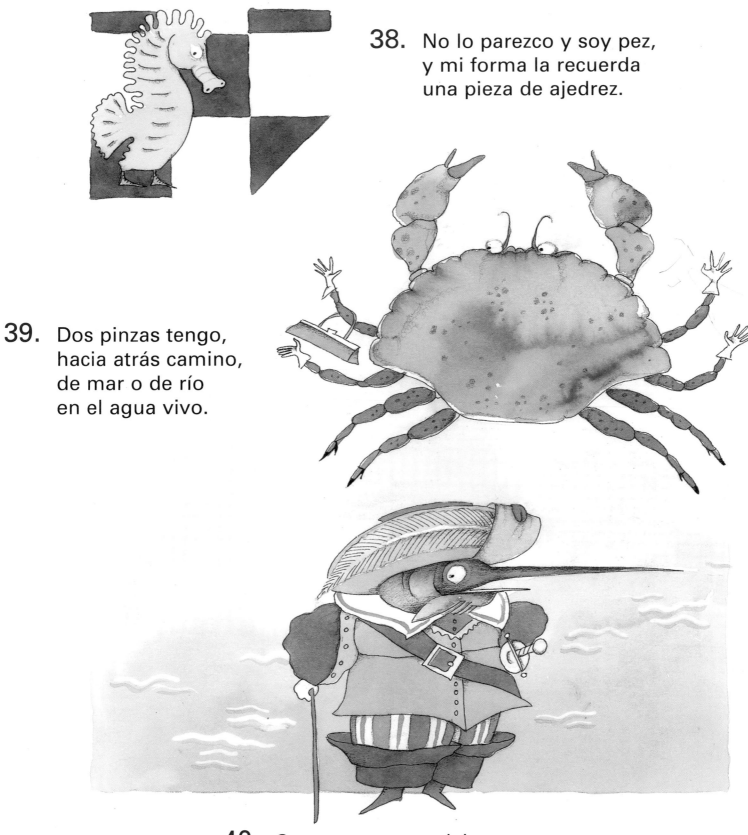

38. No lo parezco y soy pez,
y mi forma la recuerda
una pieza de ajedrez.

39. Dos pinzas tengo,
hacia atrás camino,
de mar o de río
en el agua vivo.

40. Soy mosquetero del mar,
de finísima estocada,
que me dedico a pescar
con mi nariz hecha espada.

41. Preciada cual oro fino,
comestible como el pan,
adentro tiene una perla,
si te oye, se cerrará.

42. En el mar me encuentro bien;
pero a tierra he de volver,
vestido con mi chaqué
para los huevos poner.

43. En el mar es donde vivo,
plateado es mi color;
cruzo veloz como el rayo,
adivina quién soy yo.

44. El croar es mi cantar,
el saltar mi caminar,
y mi deporte, nadar.

45. Para asustar a los niños,
bastan las letras primeras;
para verlos en el río
busca la palabra entera.

46. Repite «topa» rápidamente:
«topa, topa, topa...»,
hasta que ya de tu boca
salga un ave de repente.

47. Tiene brazos,
tiene ventosas.
En ellas te pegarás
y no lo adivinarás.

48. Viste de chaleco blanco
y también de negro frac.
Es un ave que no vuela.
Pero nada. ¿Qué será?

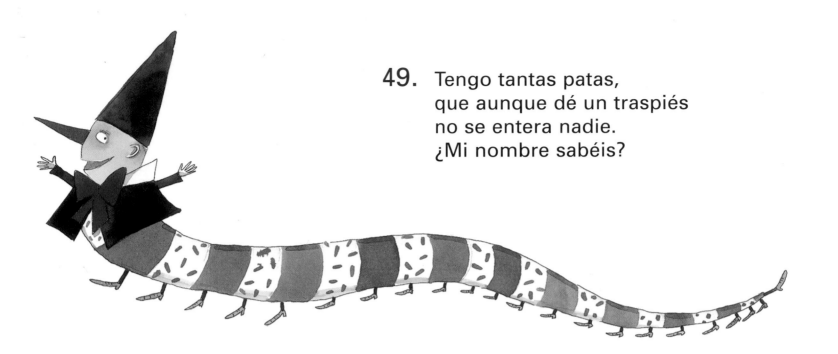

49. Tengo tantas patas,
que aunque dé un traspiés
no se entera nadie.
¿Mi nombre sabéis?

50. Dos animales caseros
que muy poco se toleran.
En cuanto se encuentran juntos,
se enzarzan en gran pelea.

51. Salta y salta
y la colita
le falta.

52. Al llegar el alba
se oye un cantar,
quien no lo adivine
muy tonto será.

53. Tiene cola y cuatro patas
gran bigote y dos orejas,
se confunde con la gata.

54. Como un copito de nieve
en un prado está pastando
en invierno mucho pela,
y en verano está esquilado.

55. Soy un enorme animal
de nariz descomunal
y aunque no sepa nadar
tengo un pariente en el mar.

56. En invierno, no me ven,
en verano me envenenan;
pero como se descuiden
les comeré las patatas.

57. ¿Cuál es el animal
que guarda la casa y caza,
lo sacas a pasear
y se hace pis en la plaza?

58. Por el camino va
caminando
el animal;
su nombre
ya dicho está,
lo puedes
averiguar.

59. ¿Qué animal de buen olfato,
cazador dentro de casa,
rincón por rincón repasa
y lame, si pilla un plato?

60. Arrastro mi carga
sobre las ruedas,
tirando del yugo
con mucha fuerza.

61. ¿Cómo se llama,
se llama, se llama
el animal de carga
que viste de lana?

62. No tiene lana
este animal,
y el nombre del macho
suena muy mal.

63. Sus hijitos amarillos,
todos con camisa blanca,
cada vez que tiene uno
ella alborota la casa.

64. Llevo la casita encima,
mi cabeza es de serpiente,
y aunque muy despacio voy,
más lento va el caracol.

65. ¿Qué animal hay en la tierra,
que en algo al hombre se parece
y que a imitarle se ofrece?

34

66. Al campo y al monte
voy con el amo:
si no balo mucho,
no pierdo bocado.

67. Tu hocico muy fino,
tu rabo muy largo,
tus pelos muy grises,
son presas del gato.

68. Trepa que trepa,
por árboles y paredes,
no tiene un pelo de tonta
y cola... lo que quisieres.

69. Todo el verano cantando,
sin preocuparme de nada
y ahora, al llegar el invierno,
me encuentro desamparada.

70. En símbolo de lentitud me han convertido,
pero, al andar, la casa va conmigo.

71. Soy un animal enorme,
que en la selva me solazo.
No me chinches sin motivo...
porque te doy un trompazo.

72. Soy un animal pequeño,
piensa tú en mi nombre un rato,
porque agregando una ene
tendrás mi nombre en el acto.

73. ¿Quién allá en lo alto,
en las ramas mora,
y allí esconde avara
todo lo que roba?

74. Aunque no me piquen,
yo he de picar,
soy hija del demonio,
todos me quieren matar.

75. El roer es mi trabajo,
el queso mi aperitivo,
y el gato ha sido siempre
mi más terrible enemigo.

76. Sale de una cueva,
caminando siempre
con la carga al hombro.

77. Silba sin tener silbato,
camina sin tener pies,
serás atontolinado
si no adivinas qué es.

78. Animal soy, desde luego;
me llaman el jorobado,
y que tengo cuatro patas
ya se da por descontado.

79. Aves que vuelan
truz que camina,
tonto será
quien no lo adivina.

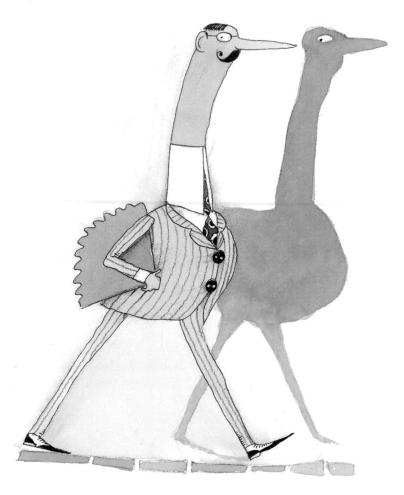

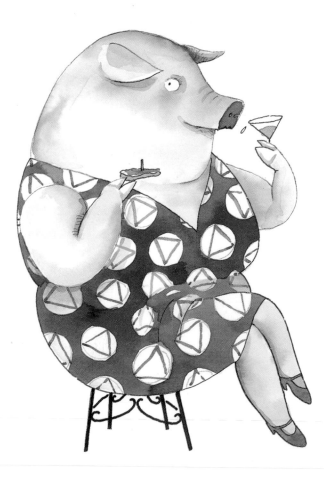

80. Soy pata de un animal
que ayer en la dehesa estaba:
soy manjar apetecido
en bocadillos o en tapas.

81. De verde esmeralda
sobre la tapiada,
rabo rabilargo
pata estirada
corre que te corre,
y tú no la agarras.

82. Lo mismo que un galgo valgo,
y si por el campo salgo,
las liebres cazo y persigo
y es cierto, ¡yo no soy galgo!

83. De cierto animal di el nombre.
Es quien vigila la casa,
quien avisa si alguien pasa,
y es fiel amigo del hombre.

84. Con él canto,
con él como,
con él pico.
Su nombre ya queda escrito.

85. Salta y salta por los montes,
usa las patas de atrás;
su nombre ya queda dicho,
fíjate y lo verás.

86. ¿Quién es la que tiene
los ojos de perro,
el rabo de perro
pero que no es perro?

87. ¡Ay, negritas! ¡Ay, negritas!
Que por el camino vais,
siempre deprisa, deprisa,
corriendo y nunca paráis.

88. Tiene corona y no es rey,
espuelas y no es caballero,
canta siempre en la mañana
bien que despierta a su dueño.

89. Me llaman Leo
me apellido Pardo;
quien no lo adivine
es un poco tardo.

43

90. ¿Quién ha de ser
el que al ratón
de un zarpazo
no le dejase correr?

91. Le llaman chancho, cochino,
y un nombre que no recuerdo;
puerco, marrano, asqueroso,
gocho y gorrino es el...

92. Mamífero rumiante,
con cuello alargado;
por el desierto errante
anda jorobado.

93. Corre mucho cuando es joven,
pero también cuando es viejo;
se cansa quien le persigue
porque se escapa el...

94. Es animal conocido,
del hombre el mejor amigo,
es cazador el muy pillo
y siempre un buen lazarillo.

95. Saltando
de peña en peña
me recorro
la montaña:
no dejo viva
una hierba,
ni una brizna,
ni una caña.

96. Tiene famosa memoria,
buen olfato y dura piel,
y las mayores narices
que en el mundo puedas ver.

97. Adivina, adivinanza,
¿Cuál es el ave
que pica en la granja?

98. Mi casa la llevo a cuestas,
tras de mí dejo un sendero,
soy lento de movimientos,
no le gusto al jardinero.

99. Muchas damas en un agujero,
todas vestidas de negro.

PERSONAJES FAMOSOS

100. De Oriente,
con una estrella,
a Belén
van caminando,
portadores
de regalos,
a un rey
nacido buscando.

101. Por decir tantas mentiras
me ha crecido la nariz;
pero, arrepentido luego,
vuelvo a sentirme feliz.

102. Su madrastra y sus hermanas
no la dejaban salir
pero llegó el hada buena
y a un príncipe hizo feliz.

103. Todo cubierto
con traje blanco,
cuando aparezco
a todos espanto.

104. Mi avión es una escoba;
negra y fea me verán
persigo siempre a las hadas
que al verme se espantarán.

105. Lleva su cara pintada,
y unos grandes zapatones;
ríen los chicos y grandes
con sus chistes y canciones.

106. Una madrastra la odia,
una manzana la mata,
un príncipe muy hermoso
de la muerte la rescata.

107. Mi padre me llevó al bosque,
y el camino señalé,
marcándolo con piedritas
para así poder volver.

108. Adivina cuál era el color
de la niña del cuento
que casi el lobo devoró.

109. Con largos vestidos
de sedas y gasas
me imitan las niñas
cuando se disfrazan.

110. De rojo me cubro
sin ser amapola,
mi abuela y el lobo
completan la historia.

111. Salieron de Oriente
con rumbo a Belén;
si quieres juguetes
escribe a los tres.

112. Toco una música
con mi gran flautín,
me siguen las ratas
muy lejos de aquí.
Yo soy el flautista
de...

113. Alto y flaco caballero,
justiciero y soñador,
que a lomos
de Rocinante
a molinos se enfrentó
creyendo que
eran gigantes.

114. Escudero regordete,
a su señor acompaña,
envuelto en mil aventuras
por los campos de La Mancha.

115. Somos seres diminutos
que en el bosque trabajamos;
llevamos capucha roja
y a Blancanieves cuidamos.

116. Por mis luchas y victorias
me llaman Campeador.
Dicen que sería buen vasallo
si tuviese buen señor.

117. Mi gorrito colorado
en el bosque es conocido.
El lobo me ha perseguido,
pero salió apaleado.

118. Pequeño, pero importante:
su hazaña más comentada,
dar a un enorme gigante
una terrible pedrada.

119. Mi enorme cuerpo
recorre tus calles,
los días de fiesta,
con saltos y bailes.

120. Soy una vieja pelleja,
llena de malas acciones;
montada voy en mi escoba
en busca de sensaciones.

FLORES, PLANTAS, ÁRBOLES

121. ¿Cuál será la planta
de hojas verdes verdes,
tallo largo y fino
que trepa paredes?

122. Con mi cara encarnada,
mi ojo negro
y mi vestido verde,
el campo alegro.

123. Su cabeza es amarilla,
siguiendo al Sol, gira y gira,
muchos comen sus pepitas
y dicen que son muy ricas.

124. ¿Qué es, qué no es?
Está en el jardín,
también en tus pies.

125. De mi tronco herido,
sacan la resina.
En las piñas guardo
todas mis semillas.

126. Árbol muy alto
de estrecha copa,
en el cementerio
es donde mora.

127. Mi fruto es el dátil,
mi hoja la palma,
que la vemos mucho
por Semana Santa.

128. Adivina, adivinador,
¿cuál es el árbol
que no da flor?

129. En la tierra te sembraron,
las aves te desearon,
cuando estuviste dorado
los hombres te segaron.

130. ¿Cuál es la flor
que es más hermosa,
de más color
y más preciosa?

131. Sin la tierra yo no vivo;
sin aire y agua me muero;
tengo yemas sin ser huevo
y copa sin ser sombrero.

132. Mis flores son las primeras
en todas las primaveras.
Mi semilla está escondida
en estuches de madera.

133. Verde fue mi nacimiento,
amarillo mi vivir,
en una sábana blanca
me envuelven para morir.

134. Cuanto más crece
más baja.

135. Carita sonrosada,
cuerpo espinoso,
¿por qué tienes
abrazo tan doloroso?

136. Aunque lo llevo en el nombre,
estoy muy lejos del mar;
tengo blanca la corona
y es de oro mi cabezal.

137. Es hierba titiritera
que se sube a la pared,
adorna bien las ventanas.
¿Sabes decirme cuál es?

138. Verde soy
verde seré,
no me toques
que te picaré.

139. ¿Quién a veces nos da frutos
otras una buena sombra
y si llega la tormenta
queremos que nos acoja?

LA FAMILIA

140. De tus tíos es hermana,
es hija de tus abuelos,
y quien más a ti te ama.

141. Es un momento
muy importante;
cuentas la edad
desde ese instante.

142. Nieto de tu bisabuelo,
padre de tus hermanos,
de tus primos es el tío
y de tus tíos hermano.

143. Se parece a mi madre,
pero es más mayor,
tiene otros hijos
que tíos son.

144. Duerme bien en su cunita,
a veces es un llorón,
pero también se sonríe
tomando su biberón.

145. ¿Qué parentesco tendrás
con la hija de una dama
que está con papá casada?

146. ¿Cómo puede suceder?
El boticario y su hija,
el médico y su mujer,
compraron nueve naranjas
y les tocaron a tres.

147. Mi abuelo tiene un hijo,
el hijo tiene otro hijo,
y ese otro hijo soy yo.
Busca bien mi parentesco
con la persona anterior.

148. Un señor con muchos hijos,
uno de ellos, con más hijos.
Los últimos de esos hijos,
entre ellos, ¿qué serán?

149. Son hijos de tus abuelos,
ellos, tus primos son,
tus hermanos con tus hijos
tendrán esa relación.

COMER Y BEBER

150. En el campo me crié,
atada con verdes lazos;
y aquel que llora por mí
me está partiendo en pedazos.

151. Nací después del Diluvio,
de la mano de Noé,
y me subo a la cabeza
si no me saben beber.

152. Primero fui fruta fresca;
me estrujaron hasta el fin,
y aquí estoy ahora encerrada
con burbujas para ti.

153. Blanco fue mi nacimiento
y de verde me vestí;
ahora que ya estoy de luto,
hacen aprecio de mí.

154. Con el pelo rojo,
la cara amarilla
y llena de granos,
soy buen alimento
de hombres y ganado.

155. Tengo rabo y no soy perro,
también cabeza y no pienso,
tengo dientes y no muerdo.

156. Soy blanco,
soy tinto,
de color todo lo pinto,
estoy en la buena mesa
y me subo a la cabeza.

157. Es buena en el desayuno
y también en la merienda,
si tú quieres crecer mucho
la beberás en la cena.

158. Hermana soy del pimiento,
roja, larga y más bien fina;
aunque te pico en la boca
no tengo ninguna espina.

159. Es ácido su sabor,
amarillita su piel,
y si lo quieres tomar
tienes que estrujarlo bien.

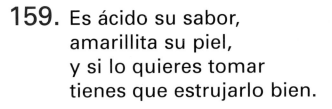

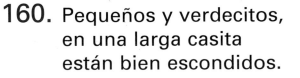

160. Pequeños y verdecitos,
en una larga casita
están bien escondidos.

161. Me conocen en la guerra,
mi nombre es de capital;
si me pones en la mesa
seguro que he de gustar.

162. Verde de joven,
marrón de vieja,
muy redondita,
soy la...

163. Que soy redondo,
que soy de leche,
que soy de vaca,
que soy de cabra,
que soy de oveja,
si quieres me tomas
y si no me dejas.

164. Aunque me corten y corten
nunca me verás sangrar
porque me han curado al frío
y metido en mucha sal.

165. De la viña sale,
en la bodega se hace,
la boca lo saborea,
¡ten cuidado, que marea!

166. No te digo mi color,
que me pongo colorada;
gusta mucho mi sabor,
riquísima estoy con nata,
y algunos también me toman
con jugo de naranjada.

167. Para la vista soy buena
para el conejo también,
y el que no lo acierte
bien tonto que es.

168. Fruta dulce y perfumada;
espera... te lo diré.
Dime ¿ya estás enterada?

169. Albari tengo por nombre
y Coque por apellido;
al que me la adivinare
le regalaré un vestido.

170. Una madre con cien hijas
y a todas pone camisa.

171. Blanca entre aromas nací,
en verde fui transformada,
luego me puse amarilla
y después roja dorada.

172. Si tú me quieres comer,
me verás marrón peludo,
y no me podrás romper
porque por fuera soy duro.

173. Tengo vaina y no soy sable,
el que lo sepa que hable.

174. Pi, pi, se llama a los pollos,
miento si digo verdad,
y el que no me lo adivine
un tonto grande será.

85

175. Soy rojo, muy rojo,
y cuando algo está rojo,
dicen que «como yo de rojo».

176. No soy de plata,
plata no soy;
ya te he dicho
quién soy.

177. En casa me ves,
pequeño yo soy,
en la zorra estoy
pero al revés.

178. Te digo y te repito,
y te vuelvo a avisar,
y por más que te lo digo
no lo vas a adivinar.

179. Pere llevo por nombre,
y Gil tengo de apellido,
el que no sabe quién soy
bien se merece un castigo.

180. Soy un viejo arrugadito,
que si me echan en agua,
siempre me pongo gordito.

181. Oro parece,
plata no es,
abre la cortina,
y verás lo que es.

182. Blanco por dentro,
verde por fuera,
si quieres que te lo diga
¡espera!

183. Una señorita
muy arrugadita,
con un palito atrás;
pasa, tonto,
que lo acertarás.

184. Un palito
muy derechito
y en su cabeza
un sombrerito.

185. Fruta carnosa,
de negra semilla,
por dentro es muy roja,
bien fría es muy rica.

186. Adivina, adivinanza:
¿Qué tiene el rey en la panza,
chiquitín, sí
pero con nariz?

187. Juntas nacimos,
unidas vivimos,
maduras nos pisan
y nos hacen vino.

188. Del país valenciano,
de color anaranjado,
siempre se debe comer
cuando ya se ha pelado.

189. De la viña vengo,
fresquitas las traigo,
a quien me lo acierte
le daré un ramo.

190. Si quieres saborearme,
me tendrás que desnudar,
meterme en un calabozo
y no dejar de chupar.

191. Verde me crié
amarillo me cortaron,
al molino me llevaron
y blanco me amasaron.

192. Soy un hongo con sombrero,
sin falda ni camiseta,
puedo contener veneno,
no soy sota sino...

193. Arca cerrada,
de buen parecer,
no hay carpintero
que la pueda hacer.

194. Yo soy el más completo
de todos los alimentos,
tengo mi color blanco
y no soy un invento.

195. Tengo ojos y no veo,
me crié bajo la tierra,
me puedes comer asada
frita o como tú quieras.

196. Tiene dientes y no come,
tiene cabeza y no es hombre.

197. Blanca como la nieve,
dulce como la miel,
la pones en la leche
y te sabrá muy bien.

198. Tengo capa sobre capa;
si me la quieres quitar,
no dejarás de llorar.

199. Una señorita
va por el mercado;
lleva cola verde
y traje morado.

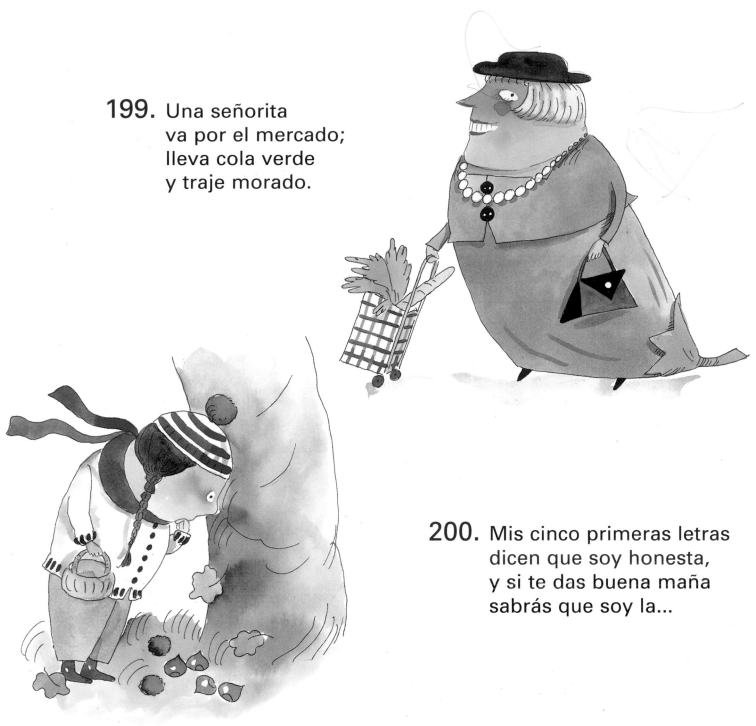

200. Mis cinco primeras letras
dicen que soy honesta,
y si te das buena maña
sabrás que soy la...

201. Verde como un loro,
brava como un toro.

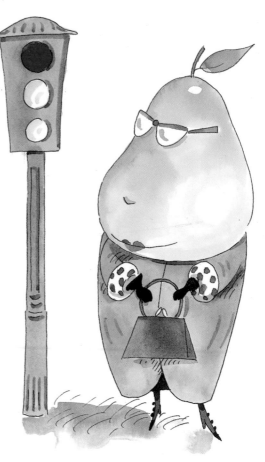

203. ¿Quién es aquella que espera
y que es tan verde por fuera?

202. Coloradito en la mata,
antes de estar en la lata.
Y sin que nadie me mate
dirás que esto es el...

204. Una vez amasado,
me dejan reposar;
me conducen al fuego
y ya quedo tal cual,
para quitar el hambre
a media humanidad.

205. Soy un licor
fenomenal;
voy a las fiestas
para brindar.

206. Yo soy el diminutivo
de la fruta prohibida:
soy flor muy medicinal
y de todos conocida.

97

LA CASA Y SUS COSAS

207. Un aparato
con comentarios,
música y noticias
a cada rato.

208. Si sueno, tú me descuelgas
para hacer que yo me calle.
Si no me tienes en casa
has de salir a la calle.

209. Una gran caja
con proyección,
con mando a distancia
aprieto el botón.

210. Cuatro letras,
cuatro patas,
en mi lecho
tú descansas.

211. Estoy en las puertas,
secretos encierro,
si traes las llaves
te los entrego.

212. Un teléfono parezco,
con sólo el auricular;
a veces yo te refresco
y tú te puedes lavar.

213. Por ella subes,
por ella bajas,
y la tienes
en tu casa.

214. Te indica el día,
te indica el mes,
te indica el año.
Dime qué es.

215. Me pego cuando me pegas,
porque si me pegas, pego.
Si me pegas en un sobre
sabrás que me llamo...

216. En el bolso suelo ir
con algunas compañeras.
Puedo cerrojos abrir
y cerrarlos. ¡Es de veras!

217. Todos me buscan
para descansar.
Si ya te lo he dicho
no lo pienses más.

218. A la entrada de tu casa,
algo suena si lo aprietan,
y tú sales presurosa
a abrir deprisa la puerta.

219. Una jaula
en tu casa
que te sube
y que te baja.

220. Como las aspas
de un molino,
no giran con el viento
ni muelen trigo.

221. Da luz
y no es el sol,
nos alumbra
en el salón.

222. Me tienes en tu casa,
aunque no me puedes ver;
si el interruptor pulsas
todo lo iluminaré.

223. No soy barro
pero barro;
amiga de la limpieza
que me trae de cabeza.

224. Brillante por delante,
sin brillo por detrás,
tu izquierda a la derecha
en él siempre verás.

225. Tu mamá me busca
cuando estás enfermo,
y conmigo ya sabe
si estás malo o bueno.

226. Tengo nombre de animal,
si la rueda se te pincha
me tendrás que utilizar.

227. Aunque te parezca raro,
golpea con su cabeza,
no se queja ni le duele
y los clavos son sus presas.

228. Por dentro carbón;
por fuera, madera;
en tu maletón
me voy a la escuela.

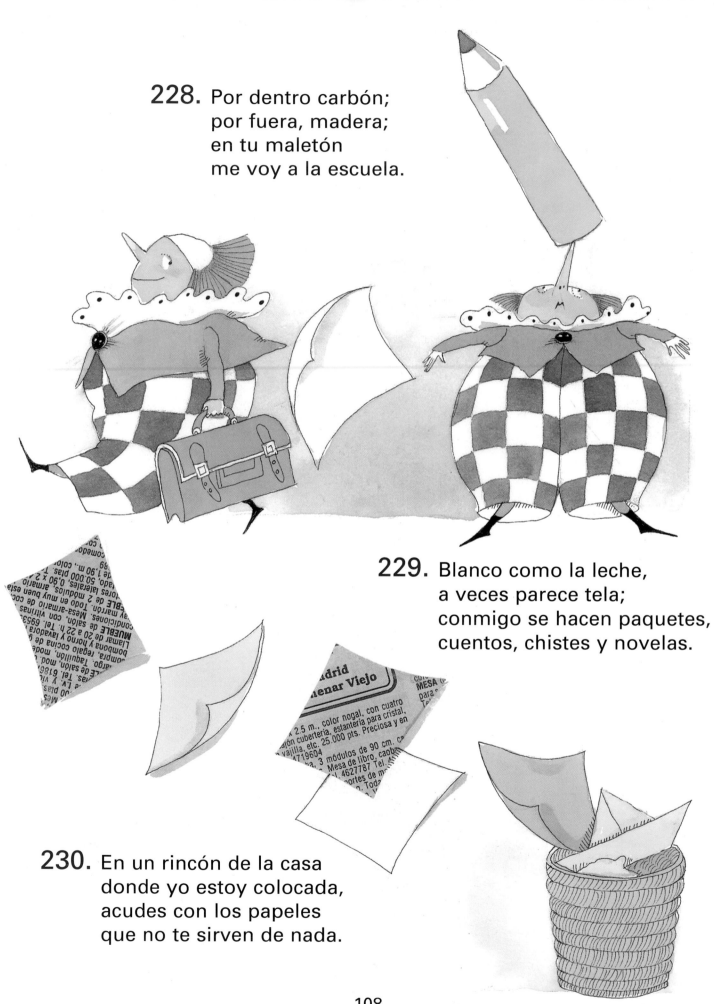

229. Blanco como la leche,
a veces parece tela;
conmigo se hacen paquetes,
cuentos, chistes y novelas.

230. En un rincón de la casa
donde yo estoy colocada,
acudes con los papeles
que no te sirven de nada.

231. Cenizas y colillas
tengo que aguantar,
siempre que a mi amo
le guste fumar.

232. Soy rechoncho,
soy de barro,
con agua fresca
en el verano.

233. Tiene rabito,
tiene cabeza,
con ella enciendes
la chimenea.

234. Soy finita y resistente
y tengo un ojo pequeño,
por el que no pasará
la joroba de un camello.

235. Tiene grandes ojos,
pero no ve nada;
y largas patillas,
pero nunca anda.

236. En lo más alto me ponen
para que el aire me dé.
El aire me zarandea,
y siempre lo miro a él.

237. Con mis hojas bien unidas,
que no me las lleva el viento,
no doy sombra ni cobijo,
pero enseño y entretengo.

238. Con un lápiz me comparan,
aunque nunca nada escribo;
mas mi vena plateada
nos dirá si estás malito.

239. Cuanto más y más lo llenas,
menos pesa y sube más.

240. Si eres guapa, no me mires
preguntando mi opinión;
si eres fea, no me culpes
de la imagen que te doy.

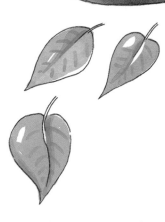

241. Tengo hojas y no soy árbol,
y te hablo sin tener voz:
aunque me abras no me quejo.
Adivina quién soy yo.

242. Tiene hojas y no es árbol,
tiene lomo y no es caballo.

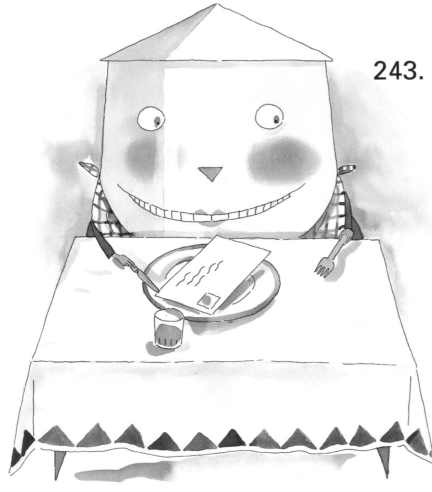

243. Me llegan las cartas,
y no sé leer.
Aunque me las trago,
no arrugo el papel.

244. Soy esbelta y orgullosa
y tengo bastante humo;
por dar la luz a los demás,
en mí misma me consumo.

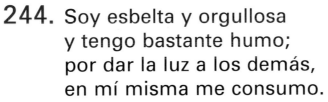

245. Le das con los dedos,
escribes las letras,
y si te confundes,
repites la letra.

246. De mi ojo cuelga
un hilo largo
que une las telas
y hace las prendas.

247. Tirado por el suelo,
clavado en almohadillas,
vivo en casa de sastres
y de modistillas.

EL CUERPO HUMANO Y EL VESTIR

248. ¡No tienes más que mirar!:
Diez unidos a las palmas
y en las plantas, hay diez más.

249. Son dos hermanos gemelos,
del mismo modo vestidos;
por el día están alerta
y en la noche están dormidos.

250. En las banderas piratas,
a mí me suelen pintar;
sólo soy una cabeza
con huesos y nada más.
Al hombre de poco juicio
con mi nombre llamarán.

251. En la cabeza nací
completando tu hermosura,
el color blanco adquirí
al llegar a edad madura.

252. Compuesta de dos mejillas,
voy con ella todo el día,
y algunos para insultar
mi nombre suelen usar.

253. Vivo en la cabeza,
soy corto o largo;
cuando no me peinas,
me vuelvo enredado.

254. Una señora
muy enseñorada
que lo escucha todo
y no entiende nada.

255. Conmigo nacieron,
con ellos me muevo;
si uno me rompo,
cojo me quedo.

256. Cuando sonríes asoma,
blanco como el azahar,
una cosita que corta
y que puede masticar.

257. Tengo un tabique en el medio,
con ventanas a los lados,
por las que entra el aire puro
y sale el que he respirado.

258. De noche, ya muy de noche,
cuando ya todos descansan,
esos dos pequeños pícaros
bajan y echan las persianas.

259. Con ella vives,
con ella hablas,
con ella rezas,
y hasta bostezas.

260. Unas son redondas,
otras ovaladas,
unas piensan mucho
otras casi nada.

261. Son cinco compañeros,
muy amigos y aplicados,
cuatro de ellos muy unidos,
el otro, más separado.

262. Son dos niñas
gemelas
que todo el mundo
las lleva.

263. Sobre la barbilla está,
lengua y dientes tiene,
se abre para hablar,
pero cerrada no ofende.

264. Uno larguito,
dos más bajitos,
otro chico y flaco
y otro gordazo.

265. Pueden ser cortos,
pueden ser largos;
nunca en los niños,
sí en los muchachos;
si acaban en punta
se llaman mostachos.

266. De día, muy abiertas
están mis ventanas;
de noche, cerradas,
echan las persianas.

267. Tengo dos niñas gemelas,
que siempre conmigo van;
las quiero como a mi vida:
no tienen para mí igual.

268. Hablas,
rezas,
gritas,
silbas,
besas.

269. Tengo copa y no soy árbol,
protejo del sol a mi amo
en invierno y en verano.

270. Puedes llevarlo en el pelo
y a veces en los zapatos,
se coloca en la cintura
y en el rabo de los gatos.

271. Si bien empiezo por *bo*,
no soy bota ni botijo.
¡Bobo, tonto!
¡Que lo he dicho!

272. En verano no te sirvo,
en invierno te soy fiel;
para los pobres, no existo;
para los ricos, de piel.

273. Hoy cuando me levanté,
puse uno en cada pie.
Como no son los zapatos,
di tú ¿qué puede ser?

274. Prenda de vestir
con varios botones,
si llevas corbata
siempre te la pones.

126

275. Sobre la cabeza voy
y me quitan y me ponen
con el frío y el calor.

276. Resuelve este dilema:
«Soy una y soy media».

277. Me pisas y no me quejo;
me cepillas si me mancho,
y con mi hermano gemelo
bajo tu cama descanso.

278. La dueña nos pone
uno a cada lado,
siempre pendientes
del mismo amo.

279. De lana me hicieron,
se lleva en invierno;
con una o dos vueltas
protejo tu cuello.

280. Guardado en el invierno,
lo luzco en verano,
es mi único traje
en sitios de baño.

281. Mujer del zapato,
más grande que él;
evito que el barro
llegue hasta tus pies.

282. Protegemos diez hermanos,
que viven en el mismo bloque
pero cinco en cada mano.

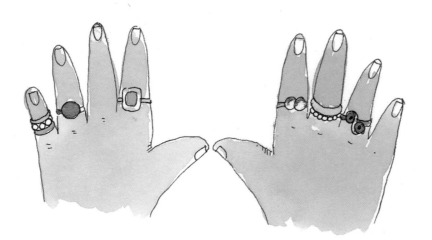

283. Redondito como un aro,
de oro o plata suelo ser;
en los dedos de la mano
muchos me suelen poner.

LA CIUDAD

284. Lugar cultivado,
con plantas y flores,
en el que disfrutan
chicos y mayores.

285. Me visitan niños
todos los días,
y me dan monedas
por chucherías.

286. Venden los frascos
con sus jarabes,
para curarte
todos los males.

287. Puedo correr con motor,
con pedales voy mejor;
a poca velocidad
no molesto en la ciudad.

288. Zapatos de goma,
ojos de cristal,
con una manguera
lo alimentarás,
dentro del garaje
lo sueles guardar.

289. Voy a todas partes
y no me muevo,
por mí pasan los coches
¡no es nada nuevo!

290. Aprietas y pita:
punto, raya-raya, punto,
mensajes en un segundo
a cualquier parte del mundo.

291. Por caminitos de hierro,
el gusano de metal,
en su barriga transporta
la gente por la ciudad,
llevándola por un túnel
en completa oscuridad.

292. Marca cardinales,
con una flecha,
que el viento mueve
a izquierda o derecha.

293. Tiene ojos
y no es bajo;
ríos y arroyuelos
pasan por debajo.

294. Tengo muchos pares,
los puedes probar,
si tú te los llevas
tendrás que pagar.

295. Tengo tres colores
que has de respetar,
de día o de noche
o te van a multar.

296. Entra triste,
sale alegre,
¿de dónde vendrá?
¡Mirad cómo va!

137

297. Dama con pendiente
que toca deprisa,
para que la gente
no pierda la misa.

298. A ti acudo,
en ti maduro,
trabajo y estudio
para el futuro.

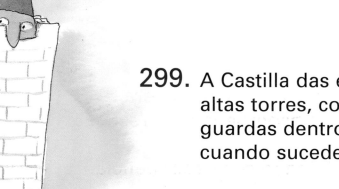

299. A Castilla das el nombre,
altas torres, con almenas,
guardas dentro mucha gente
cuando suceden las guerras.

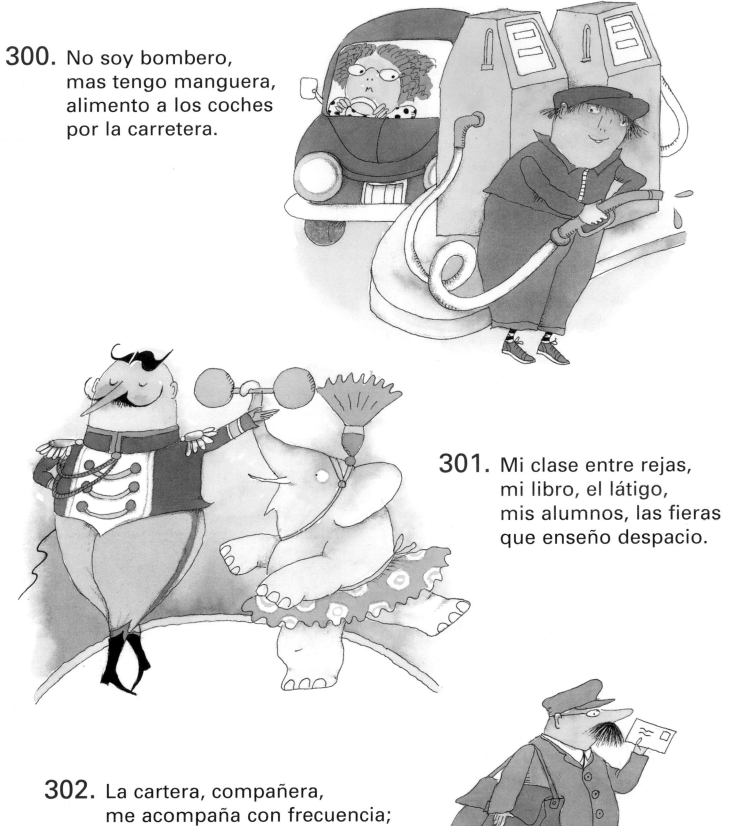

300. No soy bombero,
mas tengo manguera,
alimento a los coches
por la carretera.

301. Mi clase entre rejas,
mi libro, el látigo,
mis alumnos, las fieras
que enseño despacio.

302. La cartera, compañera,
me acompaña con frecuencia;
voy de portal en portal
dejando correspondencia.

303. Agita el cartucho,
carga la pistola,
pasa un algodón
y con un azote
pone la inyección.

304. Preparo el terreno,
la semilla siembro,
y siempre esperando
que el sol y las lluvias
lleguen a tiempo.

305. Tocando el silbato
y moviendo los brazos,
ordeno y dirijo
los coches del barrio.

306. Con una manguera,
casco y escalera,
apago las llamas
y las hogueras.

307. Con traje de luces,
estoy en la plaza
delante de un bicho
que a veces me mata.

308. Bajo la bandera,
para iniciar la carrera.

309. Con troncos de pino,
de haya o de nogal,
construye los muebles
para tu hogar.

310. Todos los días del año,
me levanto muy temprano,
a quitar los desperdicios
y basuras de tu barrio.

311. Ni torcida ni inclinada
tiene que estar la pared,
para eso tengo plomada
y me ayudo del nivel.

312. Yo salgo todos los días
y así me llaman, diario.
Estoy lleno de noticias,
sucesos y comentarios.

313. Niños y niñas,
con sus profesores,
pupitres y sillas,
pizarras y flores,
libros y cuadernos,
tizas, borradores,
muchos lapiceros
de varios colores.
Allí tú vas.
¿Lo adivinarás?

314. Alta, delgada,
cabeza brillante,
ilumina de noche
a los caminantes.

315. Entra el estudioso,
nunca el holgazán,
va buscando libros
que allí encontrará.

316. Van por las calles,
en moto o andando,
también usan coches
y cogen a los malos.

JUGAR

317. Con mi calzado grande y mi nariz roja,
mi profesión es hacer reír
y lo que más feliz me hace
es poder a los niños divertir.

318. Salimos en las fiestas,
junto a los gigantes,
con cuerpos pequeños
y cabezas grandes.

319. Juego de veintiocho piezas,
que deberemos juntar,
se juega sobre una mesa
generalmente en el bar.

320. Es un juego:
tú te vas y yo me quedo;
cuento, cuento, cuento
y luego voy a tu encuentro.

321. Una figura sin pies,
que corre, rebota y salta.

322. Miras adelante,
haces ejercicio,
das a los pedales
tienes equilibrio.

323. Bolita pequeña,
soy de cristal;
méteme al hoyo
y no perderás.

324. Sobre un camino de hierro
muchas sorpresas tendrás;
subo y bajo bruscamente
a mucha velocidad.

325. El rey y la reina
con varios peones,
caballos y torres,
combaten y comen.

326. Juegan en la cancha,
más altos que bajos;
meten la pelota
dentro de los aros.

327. Once jugadores
del mismo color,
diez van por el campo
detrás de un balón.

328. Bajo mi carpa gigante,
acojo a chicos y grandes;
payasos y trapecistas
son típicos en mis pistas.

329. Cuatro colores en escalera,
con las fichas avanzando,
el primero que las salve
el juego tendrá ganado.

330. Un arco arriba,
y tú por debajo.
Un arco abajo,
pasas por encima.

331. Me tratan a patadas
para hacer buenas jugadas.

332. Una figura sin pies
corría, andaba, saltaba,
pasaba de mano en mano
y nunca parada estaba.

333. Culebrinas de papel
de varias tonalidades,
las tiramos en las fiestas,
más aún en carnavales.

334. Pidiendo silencio
subo hasta el cielo,
y siempre me muero
con grito fiero.

335. Atada a un sedal,
volaba y volaba;
desde abajo un niño
la sujetaba.

336. Cubo que seis caras tiene,
veintiún puntos en total,
en el parchís interviene
y en la oca... casi igual.

337. Sopla, sopla,
sopla sin cesar;
pero no te pases
que puedo explotar.

338. Tengo cadenas sin ser preso,
si me empujas, voy y vengo;
en los jardines y parques,
muchos niños entretengo.

339. Se viste el cielo de luces
en cascada de colores;
para alegrar en la noche
a los que están más tristones.

340. Se conduce sin carnet,
sin saber circulación;
chocan una y otra vez,
es bonita diversión.

341. Mi trabajo es importante
si te quieres divertir,
disfraz con zapatos grandes
y muy roja la nariz.

342. Conmigo cargan los Reyes,
siempre al comenzar el año,
para entregarme a los niños
que escribieron a los Magos.

343. Soy el juguete
más apreciado,
para las niñas
como regalo.

344. Si vas a la feria,
te puedes montar;
vueltas y vueltas;
subiendo y bajando,
unas contento
y otras gritando.

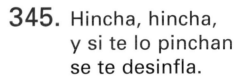

345. Hincha, hincha,
y si te lo pinchan
se te desinfla.

346. Tengo caballos,
que suben y bajan,
dan vueltas y vueltas
y nunca se cansan.

347. Invitas año tras año
a tus mejores amigos,
os coméis la rica tarta
y es muy divertido.

348. Muñecas y flores,
luces y canciones,
boletos y sobres
que dan ilusiones.

ENSALADA DE ADIVINANZAS

349. Como doce barcas en un carrusel,
pasamos, pasamos, sin nunca acabar;
los hombres nos miran con mucho placer,
y ellos sí se acaban: nosotros, jamás.

350. Doce señoritas
en un redondel:
todas tienen medias
y ninguna pies.

351. Una C de media luna,
una A de la fortuna,
una N con turbante
y una A más adelante.

352. Ni de día ni de noche,
puede mi vela alumbrar,
pero cuando sopla el viento
muy bien suelo navegar.

353. Conmigo va una amiguita
que imita todos mis actos,
solo me deja de noche;
pues sin luz no sale tanto.

354. Doy al cielo
resplandores
cuando deja
de llover:
abanico
de colores
que nunca
podrás coger.

355. Delante de una montaña
fuerte me puse a gritar
y ella igual me contestaba
queriéndome imitar.

356. Con mis grandes alas,
y cuerpo de hierro,
vuelo a todos los países,
si quieres te llevo.

357. Mi sombrero es una ola,
estoy en medio del año,
nunca estoy en caracola
y sí al final de castaño.

358. En Melilla hay tres,
en Madrid ninguna,
en Castilla, dos
y en Galicia una.

359. El burro me lleva a cuestas,
y ella es la mitad de BU,
nunca la tuve yo
y siempre la tienes tú.

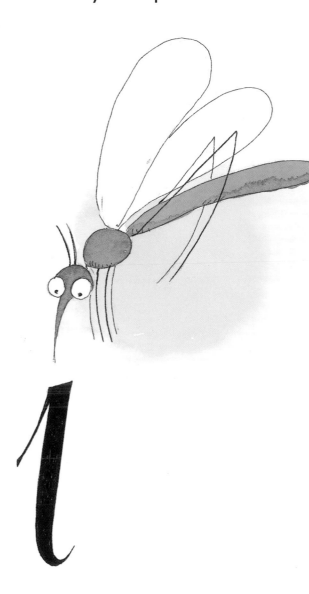

360. Soy un palito
muy derechito,
sobre la frente
llevo un mosquito.

361. Soy un número redondo
y casi igual que la «o».
Si me ponen un puntito
detrás, nada valgo yo.

362. De noche aparecen
y nadie las llama;
en el día se marchan,
volverán mañana.

363. Es un ojito redondo
que por la noche vigila
guiándonos en el camino
y dándole al bosque vida.

364. Hermano
y hermana son
y jamás juntos están:
cuando él viene,
ella se marcha;
y si ella llega, él se va.

365. Nos cierra los ojos,
nos abre la boca
y para vencerlo
una noche es poca.

SOLUCIONES

Animales

1- Paloma
2- Murciélago
3- Loro
4- Mariposa
5- Microbio
6- Abeja
7- Canario
8- Araña
9- Caracol
10- Luciérnaga
11- Mariquita
12- Mosquito
13- Búho
14- Canario
15- Loro
16- Murciélago
17- Cigüeña
18- Murciélago
19- Paloma
20- Cigüeña
21- Loro
22- Pájaro Carpintero
23- Abeja
24- Pájaro
25- Pingüinos
26- Calamar
27- Almeja
28- Tiburón
29- Cisne
30- Delfín
31- Mejillón
32- Pato
33- Cisne
34- Rana
35- Ballena
36- Oca
37- Rana
38- Caballito de mar
39- Cangrejo
40- Pez Espada
41- Ostra
42- Pingüino
43- Sardina
44- Rana
45- Cocodrilo
46- Pato
47- Pulpo
48- Pingüino
49- Ciempiés
50- Gato y perro
51- Sapo
52- Gallo
53- Gato
54- Cordero
55- Elefante
56- Escarabajo
57- Perro
58- Vaca
59- Gato
60- Buey
61- Llama
62- Cabra
63- Gallina
64- Tortuga
65- Mono
66- Oveja
67- Ratón
68- Lagartija
69- Cigarra
70- Caracol
71- Elefante
72- Ratón
73- Ardilla
74- Culebra
75- Ratón
76- Hormiga
77- Víbora
78- Camello
79- Avestruz
80- Jamón
81- Lagartija
82- Galga
83- Perro
84- Pico
85- Saltamontes
86- Perra
87- Hormigas
88- Gallo
89- Leopardo
90- Gato
91- Cerdo
92- Camello
93- Conejo
94- Perro
95- Cabra
96- Elefante
97- Gallina
98- Caracol
99- Hormigas

Personajes famosos

100- Reyes Magos
101- Pinocho
102- Cenicienta
103- Fantasma
104- Bruja
105- Payaso

106- Blancanieves
107- Pulgarcito
108- Rojo
109- Princesa
110- Caperucita Roja
111- Reyes Magos
112- Flautista de Hamelín
113- Quijote
114- Sancho Panza
115- Enanitos
116- El Cid
117- Caperucita Roja
118- David y Goliat
119- Gigante
120- Bruja

Flores, plantas, árboles
121- Hiedra
122- Amapola
123- Girasol
124- Planta
125- Pino
126- Ciprés
127- Palmera
128- Higuera
129- Trigo
130- Rosa
131- Árbol
132- Almendro
133- Tabaco
134- Raíz
135- Rosa
136- Margarita
137- Hiedra
138- Ortiga
139- Árbol

La Familia
140- Madre
141- Nacimiento
142- Padre
143- Abuela
144- Bebé
145- Hermano
146- Hija, esposa
147- Nieto

148- Hermanos
149- Tíos

Comer y beber
150- Cebolla
151- Vino
152- Sidra
153- Moras
154- Maíz
155- Ajo
156- Vino
157- Leche
158- Guindilla
159- Limón
160- Guisantes
161- Granada
162- Lenteja
163- Queso
164- Jamón
165- Vino
166- Fresa
167- Zanahoria
168- Pera
169- Albaricoque
170- Granada
171- Naranja
172- Coco
173- Guisante
174- Pimiento
175- Tomate
176- Plátano
177- Arroz
178- Té
179- Perejil
180- Garbanzo
181- Plátano
182- Pera
183- Pasa
184- Seta
185- Sandía
186- Garbanzo
187- Uvas
188- Naranja
189- Uva
190- Caramelo
191- Trigo

192- Seta
193- Nuez
194- Leche
195- Patata
196- Ajo
197- Azúcar
198- Cebolla
199- Berenjena
200- Castaña
201- Guindilla
202- Tomate
203- Pera
204- Pan
205- Champán
206- Manzanilla

La Casa y sus cosas
207- Radio
208- Teléfono
209- Televisión
210- Cama
211- Cerradura
212- Ducha
213- Escalera
214- Calendario
215- Sello
216- Llave
217- Silla
218- Timbre
219- Ascensor
220- Viento
221- Lámpara
222- Electricidad
223- Escoba
224- Espejo
225- Termómetro
226- Gato
227- Martillo
228- Lapicero
229- Papel
230- Papelera
231- Cenicero
232- Botijo
233- Cerilla
234- Aguja
235- Gafas

236- Veleta
237- Libro
238- Termómetro
239- Globo
240- Espejo
241- Libro
242- Libro
243- Buzón
244- Vela
245- Máquina de escribir
246- Aguja
247- Alfiler

El cuerpo humano y el vestir
248- Dedos
249- Ojos
250- Calavera
251- Pelo
252- Cara
253- Pelo
254- Oreja
255- Pies
256- Diente
257- Nariz
258- Ojos
259- Boca
260- Cabeza
261- Dedos de la mano
262- Niñas de los ojos
263- Boca
264- Dedos
265- Bigotes
266- Ojos
267- Niñas de los ojos
268- Labios
269- Sombrero
270- Lazo
271- Botón
272- Abrigo
273- Calcetines
274- Camisa
275- Gorra
276- Media
277- Zapato
278- Pendientes
279- Bufanda

280- Bañador
281- Bota
282- Guantes
283- Anillo

La ciudad
284- Parque
285- Quiosco
286- Farmacia
287- Bicicleta
288- Coche
289- Carretera
290- Telégrafo
291- Metro
292- Veleta
293- Puente
294- Zapatería
295- Semáforo
296- Taberna
297- Campana
298- Colegio
299- Castillo
300- Gasolinero
301- Domador
302- Cartero
303- Practicante
304- Labrador
305- Guardia
306- Bombero
307- Torero
308- Taxista
309- Carpintero
310- Barrendero
311- Albañil
312- Periódico
313- Colegio
314- Farola
315- Librería
316- Policías

Jugar
317- Payaso
318- Cabezudos
319- Dominó
320- Escondite
321- Pelota

322- Bicicleta
323- Caricia
324- Montaña rusa
325- Ajedrez
326- Baloncesto
327- Equipo de fútbol
328- Circo
329- Parchís
330- Comba
331- Balón de fútbol
332- Pelota
333- Serpentinas
334- Cohete
335- Cometa
336- Dado
337- Globo
338- Columpio
339- Fuegos Artificiales
340- Coches de choque
341- Payaso
342- Juguetes
343- Muñeca
344- Noria
345- Globo
346- Tiovivo
347- Cumpleaños
348- Tómbola

Ensalada de adivinanzas
349- Meses
350- Horas
351- Caña
352- Velero
353- Sombra
354- Arco Iris
355- Eco
356- Avión
357- Letra Ñ
358- Letra L
359- Letra U
360- Letra I
361- Cero
362- Estrellas
363- Luna
364- Día y Noche
365- Sueño

Índice alfabético de adivinanzas (Los números hacen referencia a la página)